DOCUMENT

POUR SERVIR

A L'HISTOIRE DE L'INTERVENTION EUROPÉENNE

DANS LA PLATA

PUBLIÉ PAR

Le Général Oriental PACHECO Y OBES.

PARIS

IMPRIMERIE CENTRALE DE NAPOLÉON CHAIX ET Ce,

Rue Bergère, 20.

1851.

Voici un document qui peut être utile à la cause
de mon pays. Il prouve d'une manière incontes-
table que le gouvernement du Brésil, en prenant
l'attitude qu'il garde aujourd'hui vis-à-vis de Rosas, loin d'avoir donné aucun motif de plaintes à
la France, a suivi les inspirations de celle-ci, en
même temps qu'il agissait en tout et partout selon
les droits d'un peuple indépendant, selon le de-
voir d'un gouvernement qui, par sa puissance,
son admirable organisation, sa loyauté et sa jus-
tice, mérite si complétement l'estime de l'Amé-
rique.

Montevideo avait un intérêt à ce que la France
connût ce document. — J'en fais aujourd'hui la
publication.

M. PACHECO Y OBES.

DOCUMENT

Rio de Janeiro — Ministère des Affaires étrangères, — le 15 décembre 1849.

. . . . *Je n'ai rien à ajouter à ma dépêche du 8 novembre dernier. — Cependant je vous envoie copie des notes que j'ai prises sur une conférence que j'ai eue avec M. de Saint-Georges, le 12 du dit mois. . . . .*

Dieu vous garde.

Signé : Paulino Jose Soarez de Souza.

A M. José Maria d'Amaral.

Extrait d'une conférence tenue le 12 novembre 1849, avec le chargé d'affaires de France.

Il me dit qu'aujourd'hui IL NE VENAIT PAS TRAITER DES INTÉRÊTS FRANÇAIS, MAIS BIEN DE CEUX DU Brésil ; *qu'il avait l'ordre de son gouvernement de demander au gouvernement impérial quelle était sa pensée, quelle position il comptait prendre dans les affaires présentes de Montevideo, et si la France pouvait compter sur la coopération de l'empire ;* QU'IL N'AVAIT PAS FAIT D'OUVERTURES AU VICOMTE D'Olinda (1) — PARCE QUE MALGRÉ LA MARCHE CIRCONSPECTE DE CE MINISTRE, IL AVAIT

(1) Prédécesseur de M. Paulino de Souza.

DOCUMENTO

Rio-de-Janeiro. — Ministerio dos Negocios Extrangeros.
Em 15 de Dezembro de 1849.

. . . .

Nada tenho que acrescentar ao meu despacho de 8 de novembro ultimo. — Remetto-lhe porem, para seu conhecimento, copia dos apontamentos que tomei d'huma conferencia que tive com M. de Saint-Georges em 12 do ditto mez. . . . .

. . . .

Deus guarde à V. M^{cc}.

Paulino José Soarez de Souza.

Senhor José Maria do Amaral

Extracto de uma conferencia havida com o encarregado de Negocios de França, em 12 de novembro de 1849.

Disse-me que n'esse dia nao vinha tratar d'interésses francéses, mas Brazileiros, que tinha tido ordem do seu governo para saber do governo imperial qual o seu pensamento e a posiçao que pretendia tomar relativamente aos negocios de Montevideo, na actualidade. Que a França queria saber si podia contar com a coadjuvaçao do Brasil.

pu reconnaître qu'il se rangeait a l'avis de Guido (1), lequel, loin de s'en cacher, s'en montrait TRIOM-PHANT et RADIEUX *; que pouvant supposer que la ligne politique suivie par Olinda était toujours la même, il avait cependant compris qu'elle avait subi des modifications importantes : Guido lui avait paru moins content, et il voyait quelques mouvements qui lui indiquaient quelque chose : il citait entre autres l'acquisition de bateaux à vapeur; que dernièrement il avait relu le discours prononcé par moi, dans la session de l'année dernière, sur les affaires de la Plata et qu'il le louait beaucoup;*

Qu'il ne s'était pas ouvert au vicomte d'Olinda, parce qu'il le regardait comme hostile aux communications et aux propositions qu'il avait à lui faire; que, dans les intérêts du Brésil, il avait prévenu son gouvernement; qu'il attendrait une occasion plus opportune; mais que, déja sans attendre, il pouvait assurer qu'il était de l'intérêt du Brésil de s'unir a la France, parce que Rosas menaçait le Paraguay, dont l'indépendance devait être nécessairement protégée par le gouvernement brésilien.

Je répondis qu'il n'était pas évident que Rosas menaçât dans ce moment l'indépendance du Paraguay; que le conflit provenait de l'invasion du territoire de

______

(1) Ministre de Rosas au Brésil.

Que nao se tinha aberto com o senhor Visconde de Olinda, por que sondando-o, apezar das suas evasivas achava que ouvia muito a Guido, o que este nao ocultava por que andava *triomphant et radieux*. Que suposto a politica seguida pelo senhor Visconde de Olinda nao tivesse mudado, com tudo lhe parecia que tinha soffrido modificaçoes importantes, que Guido andava menos alegre, e que via *quelques mouvements*, que indicavao alguma cousa, como por ex : acquisiçao de vapores. Que em um dos dias passados relera um discurso meu feito na secçao do anno passado, sobre os negocios do Rio da Prata que gabou muito. . . . .

. . . .

Proseguio Saint-Georges dizendo, quo entendendo nao se dever abrir com o senhor Visconde de Olinda, por que o considerava adverso as proposiçoes e communicaçoes que tinha a fazer, interpretando os verdadeiros interéses do Brazil tinha respondido ao seu governo, que aguardava melhor occasiao, mas que que podia assegurar que era do interesse do Brasil coadjuvar à França, por que Rosas ameaçava o Paraguay, cuja independencia o Brazil nao podia deixar de sustentar.

Respondi-lhe que nao era liquido que Rosas atacasse ja a Independencia do Paraguay. Que o conflicto começara invadindo os Paraguayos territorio de Corrientes, Que os preparativos de Rosas podiao ter por fim repellir

Corrientes faite par les Paraguayens (1) ; que les pré-
paratifs de Rosas pouvaient n'avoir pour but que de re-
pousser ceux-ci au-delà des frontières ; que l'on regardait comme certain qu'après la retraite des Paraguayens
sur leur territoire, ceux-ci avaient occupé de fortes posi-
tions ; qu'il se pouvait que, pour ce moment, Rosas se
contentât de cette mesure, non seulement parce qu'il a
d'autres obstacles à renverser, mais encore parce qu'il
lui serait difficile de se maintenir sur les points où sont
établis les Paraguayens, lieux coupés par des lacs et
des marais où ne peut pénétrer la cavalerie, arme qui
constitue la supériorité de Rosas. — L'indépendance du
Paraguay,—ai-je ajouté, — n'intéresse pas seulement le
Brésil, elle intéresse encore la France et les autres puis-
sances maritimes de l'Europe ; — opinion que je me
suis efforcé d'appuyer par quelques raisonnements. —
Quant à la demande qu'il avait à faire au gouvernement impérial, je lui fis observer qu'elle était trop vague pour que j'y pusse satisfaire ; que je savais que le
voyage de Pacheco y Obes à Paris avait pour but d'em-
pêcher la ratification du traité Le Prédour, et d'insister
auprès du gouvernement français pour qu'il intervînt
d'une autre façon que celle suivie jusqu'ici dans l'arran-
gement des affaires de la Plata ; que pour cela des con-
ventions auraient lieu préalablement entre la France et
Montevideo, et que sans doute il serait indispensable de
recourir à la force pour réduire Rosas ; que le gouver-

(1) C'était au moment où l'armée paraguayenne avait envahi le territoire
de Corrientes.

os Paraguayos para dentro dos seus limites. Que corria como certo que os Paraguayos abandonando o territorio invadido, se haviao retirado para dentro do seu territorio em posiçoes muito fortes. Que podia bem ser que Rosas se contentasse por ora com isso, nao so por que tem outros embaraços com que lutar, como por que lhe é difficil chegar à sustentar-se em pontos em que os Paraguayos se reconcentrarao, cercados de lagoas, e mattas, que nao pode penetrar a cavallaria, arma em que Rosas é muito superior.

Que a Independencia do Paraguay nao interessa somente o Brazil, mas tambem a França, e outras Naçoés commerciaes da Europa, o que procurei provar com algumas razoés.

Pelo que respeita a pergunta que elle era encarregado de fazer ao governo imperial, respondi-lhe que ella era tao vaga que a nao podia satisfazer. Que elle sabia que Pacheco y Obes tinha ido a Paris com a missao de obstar a ratificaçao da convençao Le Predour, e de mover o governo françéz a intervir para arranjar os negocios do Rio da Prata por outro modo. Que para isso teriao-de preceder convençoés entre a França e Montevideo, e que seria indispensavel obrigar Rosas pela força. Que o governo imperial nao tinha dados alguns para calcular o alcance, e importancia do passo que se lhe pedia que nement impérial n'avait aucune donnée pour calculer l'effet et l'importance du pas qu'on lui demandait de faire, et qu'il ne pouvait ni ne devait s'y prêter sans connaître par quels moyens la France prétendait contraindre Rosas à obtempérer à ses injonctions, sans une idée fixe, claire et positive du rôle que le Brésil devait jouer, ni sans avoir connaissance des compensations que la France exigerait naturellement de la Bande Orientale pour les secours que celle-ci en aurait reçus. J'ai ajouté que la réponse qu'il désirait pourrait seulement lui être donnée au moment où tous ces points seraient éclaircis, et qu'il aurait (lui, M. de Saint-Georges) des instructions à cet égard.

M. de Saint-Georges ME RÉPONDIT QU'IL LES AVAIT (les instructions); ALORS IL TIRA DE SA POCHE UNE DÉPÊCHE DE SON GOUVERNEMENT DONT JE NE PUS VOIR LA DATE, ET DE LAQUELLE IL ME LUT QUELQUES EXTRAITS.

Cette note contenait ce que lui-même m'avait énoncé verbalement; elle indiquait que la France comptait employer la force, et ne rien demander au territoire oriental, pas plus que rien faire qui pût porter atteinte à une parcelle de son indépendance.

Je lui dis que j'en étais persuadé, « la France étant
» obligée, par le traité Mackau de 1840, à soutenir l'in-
» dépendance de Montevideo, comme le Brésil s'y trou-
» vait engagé par la convention de 1828, mais que les
» instructions qu'il venait de me lire laissaient tout dans

desse, e que nao podia, nem devia dar sem saber com
que meios pretendia a França levar Rosas a acceder, sem
idéas fixas, claras e positivas do papel que o Brasil iria
fazer, e sem conhecimentos das compensaçoés que a
França naturalmente exigiria da Banda Oriental pelos
seus auxilios. Que a resposta que elle me pedia somente
podia ser dada, depois de esclarecidos todos esses pontos, tendo elle Saint-Georges para isso instrucçoés.

Aqui disse Saint-Georges que as tinha, e puchou da al-
gibeira um despacho do seu governo, cuja data nao pude
ver, e de que me léo algums trechos. Dizia mesmo
que elle me tinha dito verbalmente. A crescentou que
esta visto que os meios de que a França se serviria se-
riao os da força, e que nao pretendia nenhum pedaço da
Banda Oriental, nem attentar a sua independencia.

Disse elle que estava, certo d'isso por que a França se
havia comprommettido pelo tratado Mackau, de 1840, a
sustentar à independencia de Montevideo, como o Brazil
pela convençao preliminar de 1828, mas que as instruc-
çoes que acabara de ler deixavao tudo no mesmo vago.
Que erao estas cousas muito positivas, por que erao

» le vague ; que les choses étaient aussi positives que
» l'étaient les engagements, et qu'il en coûterait du sang
» et de l'argent pour les mener à terme ; que l'expé-
» rience devait profiter ; que celle que nous avait donnée
» la mission du vicomte d'Abrantès et celle de cinq ou
» six missions européennes, envoyées dans la Plata, nous
» avaient rendus défiants ; qu'on ne devait pas prendre
» en mauvaise part si, avant de nous jeter dans une diffi-
» culté, nous cherchions à connaître les moyens et les
» conditions d'en prévoir l'issue ; que nous ne voulions
» pas faire un pas sans être, au préalable, certains que le
» terrain était sûr, pour que tout le poids et la responsa-
» bilité de cette affaire ne retombassent pas sur nous ;
» que les Français, eux, avaient une retraite assurée dans
» leur pays, fort et puissant, et situé de l'autre côté de
» l'Atlantique, tandis que nous, nous resterions vis-à-vis
» de nos aimables voisins ; que, d'un autre côté, il nous
» convenait beaucoup d'examiner de savoir avant de
» prendre n'importe quelle résolution, le rôle que joue-
» rait l'Angleterre dans cette question..............
»   .... »

M. de St-Georges me demanda ce qu'il devait enfin
répondre à son gouvernement. Je lui dis que le gouvernement impérial avait un véritable intérêt à ce que les
affaires de la Plata s'arrangeassent convenablement,
mais qu'il ne pouvait accepter de termes aussi vagues,
ni rien faire sans avoir des éclaircissements positifs sur
les points que j'avais signalés. J'ajoutai que j'espérais

muito positivos os comprometimentos, o dinheiro, e o sangue que por ellas se podia derramar. Que a experiencia devia servir a alguma cousa, c que a da missao do visconde de Abrantes, e das 5 ou 6 missoes Europeas que tem ido ao Rio da Prata, nos tem tornado cautelosos. Que nao se nos podia levar a mal, que antes de nos envolvermos em uma contenda, lhe quizessemos ver os meios e condiçoes, e prevér e calcular o seu fim. Que nao queriamos dar um passo sem primeiramente ver se o terreno era seguro, para nao nos cahir depois sobre as costas todo o pezo dos commettimentos. Que os Francezes se retirariao para o seu pais forte e poderozo, situado alem do Atlantico, e nos ca ficariamos com os nossos amaveis visinhos. Que outro ponto nos convinha muito averiguar e saber, antes de tomar qualquer resoluçao, e era qual o papel que a Inglaterra faria n'estes negocios.   .   .   .

.   .   .   .

Preguntou-me finalmente Saint-Georges o que havia de responder ao seu governo. Disse-lhe que respondesse que o governo impérial tinha verdadeiro interesse em que os negocios do Rio da Prata se arranjassem convenientemente, mas que nao podia tomar commettimentos tao vagos, e sem quê fossem esclarecidos os pontos em que eu tinha tocado. Acrescentei que era de esperar que os paquetes seguintes os trouxessem, por que a essas

que les prochains courriers nous feraient connaître quelque chose, parce que dans ce moment Pacheco y Obes et le gouvernement français auraient sans doute pris une détermination.

Conforme :

Signé : JOACHIM DE NASCENTES DE AZAMBUYA.

horas ja Pacheco y Obes, e o governo francez teriao-a
sentado em alguma couza.

Conforme :

Joaquim-Maria Nascentes de Azambuja.